# BEI GRIN MACHT SICH IHR
# WISSEN BEZAHLT

- Wir veröffentlichen Ihre Hausarbeit,
  Bachelor- und Masterarbeit

- Ihr eigenes eBook und Buch -
  weltweit in allen wichtigen Shops

- Verdienen Sie an jedem Verkauf

## Jetzt bei www.GRIN.com hochladen
## und kostenlos publizieren

**Bibliografische Information der Deutschen Nationalbibliothek:**

Die Deutsche Bibliothek verzeichnet diese Publikation in der Deutschen National-
bibliografie; detaillierte bibliografische Daten sind im Internet über http://dnb.d-
nb.de/ abrufbar.

Dieses Werk sowie alle darin enthaltenen einzelnen Beiträge und Abbildungen
sind urheberrechtlich geschützt. Jede Verwertung, die nicht ausdrücklich vom
Urheberrechtsschutz zugelassen ist, bedarf der vorherigen Zustimmung des Verla-
ges. Das gilt insbesondere für Vervielfältigungen, Bearbeitungen, Übersetzungen,
Mikroverfilmungen, Auswertungen durch Datenbanken und für die Einspeicherung
und Verarbeitung in elektronische Systeme. Alle Rechte, auch die des auszugsweisen
Nachdrucks, der fotomechanischen Wiedergabe (einschließlich Mikrokopie) sowie
der Auswertung durch Datenbanken oder ähnliche Einrichtungen, vorbehalten.

**Impressum:**

Copyright © 2008 GRIN Verlag
Druck und Bindung: Books on Demand GmbH, Norderstedt Germany
ISBN: 9783640121717

**Dieses Buch bei GRIN:**

https://www.grin.com/document/112466

Jessica Osterhagen

# Stalking und häusliche Gewalt

GRIN Verlag

HAWK – Hochschule für angewandte Wissenschaft und Kunst

FH Hildesheim / Holzminden / Göttingen

Fakultät für Soziale Arbeit und Gesundheit

# Referat
# Prüfungsleistung

## „Stalking und häusliche Gewalt"

Lehrveranstaltung:
Verhaltenstherapeutische Beratung

Sommersemester 2008

# Inhaltsverzeichnis

# 1. Einleitung

In der Zeit vom 4. Februar bis zum 28. März 2008 habe ich mein Praktikum bei der Interventionsstelle in Wien absolviert. Mein Schwerpunkt befand sich im Bereich „Opferschutz bei Gewalt".

Dieser Entscheidung ging eine lange Überlegungsphase voraus, da mir bewusst war, wie belastend dieser Bereich der Beratung sein kann. Trotzdem entschied ich mich dafür, weil ich es als große Herausforderung empfand diesen interessanten und vielfältigen Bereich der Beratung kennen lernen zu dürfen. Somit entschied ich mich für dieses Praktikum in Österreich.

Das Auslandspraktikum hat mich positiv überrascht und stark beeinflusst, so dass ich mich nach dem Praktikum bereits entschieden habe, nach dem Studium in dem Bereich „Opferschutz bei Gewalt" zu arbeiten, obwohl ich mir darüber im Klaren bin, dass dieser Bereich einer der Härtesten ist. Darum versuche ich mich während des Studiums so ausführlich, detailliert, theoretisch und praktisch wie möglich mit diesem Thema zu beschäftigen und auseinander zu setzen.

Zu Beginn meiner schriftlichen Ausarbeitung, der mündliche Teil erfolgte am 2. Juni 2008 in Form eines Referates über Stalking und häusliche Gewalt, beschreibe ich in meinem Referat was Stalking überhaupt ist. Dabei gehe ich auf die psychische Belastung von Stalking-Opfern ein. Die Auswirkungen von Stalking werden geschildert. Innerhalb des Themas Stalking habe ich ein Fallbeispiel aus meiner Praxis dargestellt. Schließlich beende ich das Thema Stalking in dem ich die Beratungsansätze darstelle. Anschließend gehe ich auf den nächsten Punkt häusliche Gewalt ein. Dort beschreibe ich die Erkrankungen durch häusliche Gewalt und stelle dies durch ein Fallbeispiel dar. Dann folgt die Betreuung und Beratung von Gewalt-Opfern. Schließlich schildere ich die Ansatzpunkte der Beratung bei Gewalt-Opfern. Der letzte Punkt meiner Ausarbeitung sind Ziele der Beratung. Mit dem Fazit beende ich meine schriftliche Ausarbeitung.

## 2. Stalking

Macht und Kontrolle über sein Opfer zu haben, das ist das Ziel eines Stalkers. Manche tun es aus Rache, andere aus Liebeswahn. Bei Stalking besteht immer auch die Gefahr körperlicher und sexueller Angriffe.[1]

### 2.1 Definitxion Stalking

„Aus wissenschaftlicher Sicht stellt Stalking zunächst ein Verhaltenskonstrukt dar, welches ein Muster wiederholter und belästigender Handlungen umschreibt. Dabei ist die Grenze nicht leicht zu ziehen, ab wann genau etwa sich fortsetzende Kontaktsuche nach der Trennung von einem Partner ins „Pathologische" kippen und als Stalking bezeichnet werden. In einer weitgehend akzeptierten Arbeitsdefinition wurde Stalking beschrieben … als wiederholte (mindestens zehn Mal) und andauernde (mindestens vier Wochen), unerwünschte Versuche, sich dem Opfer anzunähern oder mit ihm zu kommunizieren. Das Verhalten wurde dabei auf der Basis des Empfindens des Opfers als unerwünscht angesehen und nicht aufgrund von Behauptungen der Täter."[2]

### 2.2 Psychische Belastungen von Stalking-Opfern

In Untersuchungen von Stalking-Opfern sind die Forscher oft auf den Satz „Nichts ist mehr so, wie es war" gestoßen.

Opfer von Stalking zu sein bedeutet über eine längere Zeit hinweg einer Vielzahl von Annäherungs- und Kontaktversuchen ausgesetzt zu sein, was bis hin zu gewalttätigen Übergriffen reichen kann. Dies hat Auswirkungen auf die physische und psychische Gesundheit, aber auch auf die verschiedensten Lebensbereiche von den Betroffenen. Sie leben in einem Zustand der ständigen Bedrohung und Angst. Wenn das Telefon oder die Haustür klingelt, denkt das Opfer automatisch, ob es der Stalker sei und es erneut versucht Kontakt aufzunehmen. Dieses ist eine große psychische Belastung für die Betroffene. Sie beschäftigen sich somit fast den ganzen Tag mit dem Stalker und seinem nächsten Plan. Somit sind diese ständig präsent im Leben der Opfer.[3]

---

[1] http://www.propk.de/rat_hilfe/opferinfo/stalking/fakten/print.html
[2] Andrea Weiß, Stalking und häusliche Gewalt, 2. Auflage 2008, S. 56
[3] Andrea Weiß, Stalking und häusliche Gewalt, 2. Auflage 2008, S. 45

## 2.3 Auswirkungen von Stalking

Die australischen Forscher Pathé und Mullen[4] waren eine der ersten, die sich mit den Auswirkungen und Folgen von Stalking befassten. Die Forschung hat relativ spät begonnen, sich damit auseinander zusetzen. Bei 100 Stalking-Opfern, die bei ihnen zur Behandlung waren, zeigte sich, dass eine Veränderung des Lebensstils bestand, sowie zahlreiche physchische und psychische Auswirkungen auftraten. 83% der Opfer litten unter Angst und knapp die Hälfte berichteten von Symptomen der Depression. Über Suizid dachte ca. ein Viertel nach bzw. versuchte dieses bereits. Auch gab es andere Untersuchungen in verschiedenen Staaten die zeigten, welch ein Einschnitt das Stalking für das seelische aber auch körperliche Wohlbefinden haben kann. Viele Opfer ziehen um, verlassen für einige Monate ihre Wohnung oder wechseln sogar ihr Wohnort. Dies hat auch einen finanziellen Aufwand zur Folge und führt auch zu sozialen Beeinträchtigungen, da das gewohnte Umfeld aufgegeben werden muss. Meist erfahren nur die engsten Verwandten die neue Anschrift, damit der Stalker die Betroffenen nicht aufspüren kann. Zudem wechseln oft auch Opfer ihren Arbeitsplatz. Auch leidet die neue Arbeitsstelle darunter. Denn die Untersuchungen haben deutlich gezeigt, dass Stalking-Opfer aufgrund der oben genannten Symptome häufiger krankgeschrieben sind.

## 2.4 Fallbeispiel zum Thema Stalking

„Ich vertraue keinem Menschen mehr. Außerdem glaube ich nicht mehr daran, dass die Polizei ein Freund und Helfer ist. Ich gehe nicht mehr alleine aus und besuche keines meiner Stammcafés. Ich habe Angst ständig verfolgt zu werden. Ich bin nicht mehr beziehungsfähig und bekomme Angst von Männern, die sich für mich interessieren. Ich habe mein Vertrauen verloren und glaube nicht mehr, dass in jedem Menschen auch etwas Gutes Steckt."[5]

Aus diesem Beispiel wird deutlich, wie sehr sich diese Betroffene von der Außenwelt isoliert. Sie vertraut den Menschen nicht mehr und möchte nahezu ihre Wohnung nicht mehr verlassen - aus Angst. Weiterhin litt das Opfer auch unter Wachsamkeit bzw. unter Verfolgungsangst, oder hatte das Gefühl beobachtet zu werden. Auch dieses könnte ein Anfangstadion einer Depression sein.[6]

---

[4] Pathé/Mullen 1997
[5] Klientengespräch aus meinem Praktikum in der Wiener Interventionsstelle
[6] Eigenfeststellung durch das Praktikum in Wien

## 2.5 Beratung von Stalking-Opfern

Die Beratungsansätze von Stalking-Opfern sind in sechs Punkte unterteilt die im folgendem beschrieben werden.

### 1. Erhebung der Fallinformation

Zunächst sollte versucht werden, ein objektives Bild des Falles zu haben. Im Gespräch wird daher der Betroffene gebeten, die aktuelle Situation des Stalkers zu schildern, wobei auch die Äußerungen wortgetreu wiedergegeben werden sollen. Briefe, Emails oder Mitschnitte von Nachrichten auf dem Anrufbeantwortet dürfen mitgebracht werden um analysiert zu werden. Auch sollte die Beziehung zum Stalker geschildert werden.

### 2. Falleinschätzung

Hier findet die Einschätzung der Motivgruppe des Falles statt. Hier bietet es sich an auf Klassifikationssysteme zurückzugreifen wie z.b. das der australischen Forschergruppe um Mullen. Weitere Faktoren, die Berücksichtigung finden sollten, sind z.b. eventuelle Psychopathologien des Stalkers oder noch andere vorhandene Beziehungen zwischen Opfer und Stalker. Für Opferberatende ist es ungewohnt, dass der „Täter" im Mittelpunkt steht, jedoch ist dieses beim Stalking sehr wichtig, damit das weitere Verhalten und den Gefährlichkeitsgrad des Verfolgers einschätzen zu können um daraus das weitere Vorgehen im Fallmanagement abzuleiten.

### 3. Einschätzung des psychischen Belastungsgrades

Es sollten neben dem psychischen Druck, der direkt beim Erstgespräch mit dem Stalking-Opfer entsteht, auch traumatische Belastungsfaktoren abgefragt werden, da sonst eine Verfestigung des Leidens droht. Somit kann man herausfinden ob weitere psychotherapeutische Behandlung notwendig ist.

### 4. Edukation und Verhaltensberatung des Opfers

Für den Betroffenen ist die Situation des Stalkers unkalkulierbar, da der Stalker als „durchgeknallt" oder „geisteskrank" gilt. Der Betroffene weiß somit nicht, ob „der Stalker mit dem Messer hinter der Türe steht". Die Verhaltensberatung beinhaltet, wie die Betroffenen reagieren, wenn der Stalker an der Tür klingelt oder sie anspricht. Auch ist es wichtig das Opfer aufzuklären, dass jede Gegendrohung oder andere Reaktion an den Stalker, dazu beiträgt, das Stalking zu verlängern.

*5. Gemeinsames Entwickeln des Fallmanagements*

Es ist von Bedeutung, dass der Berater mit dem Opfer gemeinsam das Fallmanagement entwickelt. Wünsche, Ängste, der psychische Belastungsgrad, vorhandene soziale und finanzielle Reccourcen und vieles mehr sollten dabei Berücksichtigt werden. Die vorhandenen Optionen des Fallmangements sollten grünlich mit ihren Folgen diskutiert werden, bevor gemeinsame Entscheidungen getroffen werden.

*6. Abschluss der Beratung und Abmachungen für die Zukunft*

Am Ende der Beratung werden die Ergebnisse des Gesprächs zusammengefasst und bewertet. Die Handlungsschritte werden möglichst konkret von beiden Seiten benannt. Auch ist es wichtig zu besprechen, ob es sich um eine einmalige Beratung handelte oder ob es möglicherweise zu einer weiteren Zusammenarbeit kommt.[7]

## 3. Häusliche Gewalt

Frauen werden häufig von ihrem eigenen Partner geschlagen, vergewaltigt oder bedroht und können bzw. wollen es niemanden mitteilen, da der Scham zu groß ist. Sie hoffen, dass ihr Partner beginnt, die Versprechungen, die er sagt wahr zu machen und sich ändert.[8]

### 3.1 Definition häusliche Gewalt

„Gewalt in Partnerschaften und Familien wird in überwiegender Mehrzahl durch Männer gegen Frauen ausgeübt. Frauen jeder sozialen Schicht, jeden Alters und jeder Konfession erleben häusliche Gewalt. Häusliche Gewalt umfasst Drohungen, Beleidigungen, Demütigungen und Erniedrigungen ebenso wie Schläge, Tritte, Vergewaltigungen bis hin zu Mord und Totschlag. Die Gewalt wird in aller Regel über lange Zeiträume wiederholt ausgeübt und hat erhebliche Folgen für Frauen und ihre Kinder im psychischen, körperlichen, ökonomischen und sozialen Bereich. Forschungen und Schätzungen zur Folge ist jede dritte Frau in ihrer Ehe oder Partnerschaft mindestens einmal der Gewalt durch ihren Partner ausgesetzt."[9]

---

[7] Andrea Weiß, Heidi Winterer (Hrsg), Stalking und häusliche Gewalt, 2. Auflage, 2008
[8] http://www.opferhilfe-hamburg.de/beratung_gep.html
[9] http://www.helpline-sh.de/uberGewalt.html

## 3.2 Erkrankungen durch häusliche Gewalt

„Gewalt macht krank. Häusliche und sexuelle Gewalt führt häufig zu langfristigen Erkrankungen von Frauen."[10]

Neben den körperlichen Verletzungen können auch psychosomatische Schädigungen auftreten, die sich u.a. in Form von Kopfschmerzen, Schlaflosigkeit, Alkohol- und Medikamentenabhängigkeit, Erschöpfungszuständen, Depressionen und Konzentrationsschwierigkeiten bis hin zu Suizidversuchen äußern. Opfer von Gewalt sind anfällig für Depressionen. Sie sind traumatisiert und hilflos. Sie vertrauen niemandem und leben unter ständiger Angst. Für manche Betroffene gehört die Gewalt zum Alltag, da sie nichts anderes gewohnt sind. Für andere ist es eine große Belastung. Sie fressen es in sich hinein und haben Angst zur Polizei oder zu einer Beratungsstelle zu gehen. Des Weiteren haben sie die große Hoffnung, dass der Täter aufhört Gewalt auszuüben. Darum ist es für jedes Opfer ein großer Schritt Hilfe zu suchen und sich mit der Problematik „Gewalt" auseinander zusetzen.[11]

## 3.3 Fallbeispiel zum Thema häusliche Gewalt

„Wir heirateten aus Liebe. Jedoch fing alles in unserer ersten gemeinsam Woche an:

Er schlug mich immer wieder. Er hielt mein Kopf fest und rammte ihn mehrmals hintereinander gegen die Wand. Er zog mich an den Haaren und schlug mir ins Gesicht. Anschließend fesselte er mich mit seiner Krawatte und vergewaltigte mich. Ich ließ es über mich ergehen. Ich bin nicht zur Polizei gegangen, weil ich dachte, dass er sich ändern würde. Ich sah die Schuld bei seinen Eltern, da mein Ehemann selbst mit Gewalt aufwuchs. Ich gab ihm jeden Tag die Chance mit dem Schlagen aufzuhören. Jedoch vergebens. Ich hatte keine Kraft mehr und versuchte mir die Pulsadern aufzuschneiden. Ich wollte so nicht mehr leben!"[12]

Es wird deutlich, dass sie permanent unterdrückt wird. Sie hat niemanden in ihrem näheren Umfeld, mit dem sie über alles reden kann.[13] Sie ist stark traumatisiert und braucht dringend Unterstützung. Auch ist sie Suizid gefährdet und hat Depressionen. Sie schläft nach der

---

[10] http://www.berlin.de/sen/frauen/gesundheit/gewaltopfer.html
[11] Erfahrung durch Praktikum (Wiener Interventionsstelle)
[12] Klientin Erstgespräch in meinem Praktikum
[13] Sie heiratete nach Österreich. Wuchs jedoch in der Türkei auf.

Polizeilichen Anklage unruhig, da sie Angst hat, dass der Ehemann sie erneut findet und schlägt.[14]

## 3.4 Betreuung und Beratung von Gewalt-Opfern

Ziel und Aufgabe der Arbeit einer Beratungsstelle gegen häusliche Gewalt ist es also, die Gewaltspirale bei Gewalt in Beziehung zu durchbrechen, die Opfer zu unterstützen und zu stärken und gewaltfreies Verhalten beim Gefährder zu erzielen.

Opfer und Täter sind bei Gewalt in Familie sehr eng miteinander verbunden, sie stecken im wahrsten Sinn des Wortes „unter einer Decke". Die Einflussmöglichkeiten des Gefährders auf die Opfer sind vielfältig. Viele Opfer sind finanziell und MigrantInnen auch bezüglich ihres Aufenthaltsstatus vom Gefährder abhängig. Es bedarf daher neben der Unterstützung bei der Durchsetzung von Rechten auch vielfältiger sozialer Interventionen (Information, Beratung, psychische Stützung, Begleitung, Existenzsicherung, Durchsetzung von Rechten, …) um die Ermächtigung von Stärkung des Opfers zu erreichen.

Wenn eine Beratungsstelle gegen häusliche Gewalt z.B. eine Interventionsstelle die Meldungen der Polizei über Interventionen bei Gewalt in der Familie erhält, so hat das Problem meist schon eine lange Vorgeschichte. In fast alles Fällen ist es nicht die erste Gewalttat oder drohende Gewalttat. Kommt es zu einer polizeilichen Wegweisung und Betretungsverbot, so ist meist schon eine strafbare Handlung (Körperverletzung, Drohung, Nötigung, Freiheitsberaubung, sexualisierte Gewalt, …) erfolgt.

Die Opfer familiärer Gewalt befinden sich in einer Krisensituation. Sie sind einerseits froh, dass der Gefährder weg ist, andererseits haben sie auch Angst vor den Folgen und davor, dass der Gefährder sie erneut misshandeln würde. Sie wissen häufig nicht, wie es in ihrem Leben nun weitergehen soll und sind oft verwirrt und deprimiert. Manche Opfer sind auch extrem gefährdet und die Wegweisung reicht nicht aus, sie vor weiterer Gewalt zu schützen. Wird der Gefährder nicht in Haft genommen, muss für eine sichere Unterkunft des Opfers gesorgt werden. Gefährlichkeitseinschätzung und Sicherheitsplanung sind wichtige Punkte zum Schutz des Betroffenen.[15]

95 % der Opfer familiärer Gewalt sind Frauen und Kinder. Kinder sind direkt oder indirekt immer von Gewalt in der Familie betroffen, sie werden selbst misshandelt und/oder erleben

---

[14] Eigenerfahrung durch Klientin beim Praktikum
[15] Informationsbroschüre „Opfer von Gewalt" 2007, S. 24

die Gewalt an der Mutter mit. Mütter benötigen daher auch Unterstützung bezüglich ihrer Kinder, vor allem wenn es um Fragen von Schutz und Sicherheit der Kinder geht.[16]

### 3.5 Ansatzpunkte der Beratung von Opfern von häuslicher Gewalt

Die tatsächliche Gleichstellung von Frauen und Männern in allen Bereichen der Gesellschaft und die tatsächliche Partnerschaft, die gerechte Aufgabenteilung zwischen Mann und Frau, sowie die Partnerschaft zwischen Eltern und Kindern sind für eine Beratungsstelle gegen häusliche Gewalt wichtige Visionen und notwendige Vorraussetzungen für die Eliminierung von Gewalt in der Familie. Weitere Grundsätze und Haltungen könnten sein:

- Gewalt ist durch nichts zu rechtfertigen, es gibt keine Entschuldigung dafür
- Opfer von Gewalt dürfen in keiner Weise für die Gewalt verantwortlich gemacht werden und jede Form der Schuldzuweisung muss vermieden werden
- Der Staat und die Institutionen der Gesellschaft sind gemeinsam dafür verantwortlich, dass jegliche Gewaltausübung im privaten wie im öffentlichen Bereich sofort gestoppt, geahndet und verhindert wird
- Opfer familiärer Gewalt haben Anspruch auf bestmögliche Hilfe und Unterstützung, die es ihnen ermöglicht, ein Leben frei von Gewalt zu führen
- Sie haben weiter Anspruch darauf, respektvoll und unter Wahrung ihrer Würde und Vermeidung jeglicher Diskriminierung oder weiterer Traumatisierung behandelt zu werden
- Kinder sind von Gewalt immer mitbetroffen, direkt oder indirekt und haben ebenfalls Anspruch auf bestmögliche Hilfe und Unterstützung
- Täter müssen mit effektiven Mitteln gehindert werden, weitere Gewalt auszuüben, Gewaltausübung muss entsprechend den Gesetzen sanktioniert werden; gleichzeitig sollen Täter jedoch Hilfe und Unterstützung darin erhalten, ihr gewalttätiges Verhalten zu verändern[17]

---

[16] Kavemann/Kreyssig 2006
[17] Broschüre „Opfer von Gewalt" 2007, S. 48

**3.6 Ziele von Beratung bei Opfern von Gewalt**

Die Ziele von Beratung bei Opfern von Gewalt unterteilen sich wie folgt:

*Langfristige Ziele/Wirkungsziele:*

Die langfristigen Wirkungsziele einer Beratungsstelle gegen häusliche Gewalt sind die Eliminierung aller Formen von Gewalt an Frauen, Kindern und anderen Familienmitgliedern sowie die Etablierung von Partnerschaft aller Familienmitglieder und die Gleichberechtigung von Frauen und Männern in der Familie und in der Gesellschaft.

*Mittelfristige Ziele:*

Mittelfristiges Ziel ist die Verhinderung weiterer Gewaltausübung in Familien durch die Stärkung und Unterstützung der Opfer bei der Durchsetzung ihrer Rechte und dabei, ein eigenständiges Leben ohne Gewalt führen zu können. Im Bereich der Täter/Gefährder ist das Ziel, diese durch das Gewaltschutzgesetz an der Ausübung weiterer Gewalt zu hindern sowie durch das Anti-Gewalt-Training und andere täterbezogene Interventionen eine nachhaltige Veränderung beim Gefährder zu erreichen.

*Handlungsziele:*

Der Schwerpunkt liegt hier auf der konkreten und praktischen Unterstützung der Opfer von Gewalt in akuten Gewaltsituationen.[18]

---

[18] Broschüre „Opfer von Gewalt" 2007, S 108

## 4. Fazit

In den acht Wochen meines Praktikums in der Interventionsstelle gegen Gewalt in der Familie habe ich sehr viel gelernt. Ich bin oft an meine Grenzen gestoßen und musste mich immer wieder „bremsen". Mir fiel auf, dass die Klientinnen die Beratungsstelle leider oft zu spät aufsuchten. Dies liegt meiner Meinung nach an der Tabuisierung des Themas Gewalt. Die Opfer, die die Beratungsstelle aufsuchten zeigten mir, dass sie sich für die Misslage schämten oder Angst vor der drohenden Konsequenz ihres Täters hatten. Sie suchten erst die Beratungsstelle auf, als sie merkten, dass eine akute und existenzielle Notlage vorliegt, also ihre Grundversorgung in Gefahr ist. In diesen Fällen war es wichtig, schnell zu handeln, was für den Sozialarbeiter eine erschwerte Arbeitsbedingung darstellte, aufgrund des hohen Bedarfs an Beratung. Die Beratungsgespräche zeigten mir, dass das beherrschen der türkischen Sprache eine sehr große Rolle spielt. Die meisten Klientinnen kamen aus dem türkischsprachigen Raum und sprachen fast gar kein deutsch, was die Arbeit und die Beratung erschwerte.

Ich bin froh darüber, Erfahrungen in diesem Bereich der sozialen Arbeit gemacht zu haben und dieses auch in dem Seminar Verhaltenstherapeutische Beratung vertieft zu haben.

**Literatur- und Quellenverzeichnis**

- Andrea Weiß, Heidi Winterer (Hrsg), Stalking und häusliche Gewalt, Lambertus Verlag, 2008

- Angelika Henschel „Umgang mit häuslicher Gewalt", Kleine Verlag, 2003

- Broschüre „Opfer von Gewalt", 2007

- Horst Kraemer „Das Traumata der Gewalt", Kösel Verlag, 2003

- http://www.berlin.de/sen/frauen/gesundheit/gewaltopfer.html

- http://www.bmfsfj.de/RedaktionBMFSFJ/Broschuerenstelle/Pdf-Anlagen/Materialie-Gleichstellung-Nr._20104.pdf

- http://www.helpline-sh.de/uberGewalt.html

- http://www.opferhilfe-hamburg.de/beratung_gep.html

- http://www.propk.de/rat_hilfe/opferinfo/stalking/fakten/print.html

- Informationsbroschüre „Opfer von Gewalt"

- Kavemann/Kreyssig 2006

- Pathé/Mullen 1997